DE L'INSTRUCTION

DE

LA JEUNESSE,

PAR

LE R. P. JEAN CRASSET,

DE LA COMPAGNIE DE JÉSUS;

SUIVI DE LA

PARAPHRASE DE L'ORAISON DOMINICALE,

Du même Auteur,

POUR SERVIR DE PRÉPARATION A LA MORT.

PARIS,

CHARLES DOUNIOL, LIBRAIRE,

RUE DE TOURNON, 29.

1856.

DE L'INSTRUCTION

DE LA JEUNESSE.

Imprimerie de BEAU, à Saint-Germain-en-Laye.

DE L'INSTRUCTION

DE

LA JEUNESSE,

PAR

LE R. P. JEAN CRASSET,

DE LA COMPAGNIE DE JÉSUS.

SUIVI DE LA

PARAPHRASE DE L'ORAISON DOMINICALE

Du même Auteur,

POUR SERVIR DE PRÉPARATION A LA MORT.

PARIS,

CHARLES DOUNIOL, LIBRAIRE,

RUE DE TOURNON, 29.

1856.

DESSEIN DE L'AUTEUR.

Ce discours, composé pour des religieuses consacrées spécialement à l'éducation, a été prononcé le jour de sainte Anne. L'auteur s'est déterminé à le publier pour la consolation, l'encouragement et la direction des personnes qui travaillent à l'instruction de la jeunesse, soit dans les Ordres religieux, soit dans le monde, à la plus grande gloire de Dieu.

DE L'INSTRUCTION
DE LA JEUNESSE.

DISCOURS

PRÊCHÉ LE JOUR DE SAINTE ANNE.

Pour faire l'éloge de sainte Anne, il faudrait faire celui de Jésus-Christ et de sa sainte Mère : car ce sont là les deux fondements de sa grandeur. C'est une mère, qui est infiniment plus noble par les enfants qui sont descendus d'elle, que par les rois et les prophètes dont elle est descendue.

Les grands du monde tirent leur noblesse de leurs ancêtres. Plus ils en peuvent compter en leur généalogie, plus ils estiment leur sang et leur maison considérable. Le cours des générations est une espèce de fleuve qui roule ses eaux de siècle en siècle, et qui grossit à mesure qu'il s'éloigne de sa source. La noblesse de sainte Anne a eu un autre cours que celle des grands de la terre. Il est vrai qu'elle se peut glorifier d'être de la première famille du monde, puisqu'elle est descendue de David, le plus grand et le plus saint de tous les rois. Mais sa véritable gloire est d'être mère de la famille de Dieu même. Anne est mère de Marie, et aïeule de Jésus-Christ : voilà le comble de toutes ses grandeurs : on ne peut enchérir sur cette louange : l'alliance qu'elle a avec ces deux enfants fait sa gloire et son panégyrique [1].

Toutefois il semble qu'il manquerait quelque chose à son éloge, si l'on n'ajoutait qu'elle n'est pas seulement la mère corporelle de la sainte Vierge, mais encore sa mère spirituelle. C'est pour cela que Dieu l'a singulièrement aimée; comme nous insinue le sage par les paroles suivantes : « Le Seigneur l'a aimée, parce » que c'est elle qui enseigne sa loi et sa disci- » pline aux petits enfants [2]. »

C'est à cette fonction de sainte Anne, et à cette qualité honorable que je m'arrête. Je prends sa maternité spirituelle pour le sujet de mon discours. Elle agréera sans doute que

[1] Generositatem illius glorificat contubernium habens Dei. *Sap.* 8.

[2] Dominus dilexit illam ; doctrix enim est disciplinæ Dei. *Ibid.*

j'instruise de jeunes vierges, qui sont dans cette maison, puisqu'elle a instruit la première des vierges; et j'ose me promettre le secours de sa fille, puisque j'honore la maternité spirituelle de sa mère.

Comme l'homme est composé de deux parties, d'une âme et d'un corps, il y a aussi deux espèces de maternité, l'une corporelle et l'autre spirituelle. La première donne la vie au corps, la seconde la donne à l'esprit. Il est vrai que l'âme étant spirituelle elle n'a qu'un père, qui est Dieu. C'est lui qui l'ayant créée l'unit au corps d'un enfant; mais on peut dire qu'elle est comme brute en ses premières années, et qu'elle ne devient raisonnable qu'avec le temps par l'instruction qu'on lui donne.

Il n'en est pas ainsi de l'âme de la sainte Vierge. Comme elle était douée de raison dès le premier instant de sa conception, elle n'avait pas besoin d'instruction pour devenir raisonnable. Mais comme son Fils, tout sage qu'il était, se laissait instruire et gouverner par saint Joseph, recevait ses ordres et suivait ses conseils : de même la sainte Vierge en son enfance, du moins jusqu'à l'âge de trois ans, était formée par sainte Anne sa mère. C'est elle qui l'instruisait, qui lui enseignait à prier

Dieu, à éviter le mal et à faire le bien. C'est pour cela que je l'appelle mère corporelle et spirituelle de Marie : et comme la vie de l'âme est infiniment plus noble que celle du corps, il est sans doute que sa maternité spirituelle lui est plus honorable que la corporelle.

La sainte Vierge, au sentiment des Pères, est doublement mère de son Fils Jésus-Christ, et pour l'avoir conçu dans son esprit par la foi, et pour l'avoir conçu dans son corps par l'opération du Saint-Esprit [1]. Saint Augustin ne fait pas de difficulté de dire qu'elle est plus heureuse pour l'avoir conçu spirituellement que pour l'avoir conçu corporellement, conformément à la réponse qu'il fit à cette femme qui appelait heureuses les entrailles qui l'avaient porté.

Nous pouvons dire le même de sainte Anne : ce lui est à la vérité un très grand honneur d'avoir formé le corps de la sainte Vierge, et de lui avoir donné la vie ; mais je ne l'estime pas moins heureuse d'avoir formé et cultivé son esprit. L'un la rend sa mère corporelle, et l'autre sa mère spirituelle. Ce qui me fait conclure que le plus grand honneur que nous lui puissions rendre est de l'imiter en cette fonction divine, prenant soin de l'âme et du corps des

[1] Beatior excipiendo fidem Christi, quam concipiendo carnem Christi. *Aug.*

jeunes vierges, je veux dire de l'éducation des enfants.

C'est ce que vous faites (mes très-chères Sœurs) avec beaucoup de soin, de charité et de patience. Et, pour vous animer à un si noble emploi, j'entreprends de vous montrer en ce discours trois vérités, qui vous donneront une haute estime de votre vocation. La première, qu'il n'y a rien de plus excellent que cette fonction de charité que vous exercez envers les enfants. La seconde, qu'il n'y a rien qui soit de plus grand fruit, et de plus grand mérite. La troisième, qu'il n'y a rien qui soit plus capable de vous élever à une haute sainteté. Ce sont les trois avantages de votre Institut, qui feront les trois parties de ce discours que je consacre à l'honneur de sainte Anne, au profit spirituel de vos âmes, et à l'édification de ces jeunes enfants qui m'écoutent.

PREMIÈRE PARTIE.

Pour juger de l'excellence d'un Institut, il nous faut consulter les oracles de la Théologie. L'Ange de l'école, saint Thomas [1], propose une question, qui nous découvrira la vérité que nous cherchons. Il demande quelle est la plus

[1] 1. 2. q. 188. a 6.

parfaite de toutes les religions[1]; si c'est celle qui est toute dans la contemplation, ou celle qui est toute dans l'action, ou celle qui joint et unit l'action à la contemplation. Il répond à cette difficulté d'une manière solide et savante, en disant que celle qui s'unit à Dieu par l'oraison est à la vérité plus parfaite que celle qui est dans l'action ; mais que la plus noble et la plus excellente de toutes est celle qui unit l'action à la contemplation, qui travaille avec Marthe, et qui se repose avec Marie : je veux dire, qui ne se contente pas de travailler à son propre salut, mais qui procure encore celui de son prochain. Les raisons qu'il en apporte sont si belles et si honorables à votre profession, que je croirais manquer à la charité que je vous dois, si je les passais sous silence. Il les tire de la nature, des principes et des effets de la perfection.

Il est indubitable, dit-il, que la perfection de l'homme consiste dans la charité, parce que cette vertu nous unit à Dieu, et qu'une chose est parfaite lorsqu'elle est unie à son principe. Or la charité n'est pas égale dans tous les cœurs : elle a des degrés de perfection qui sont différents. Lorsqu'elle est dans sa plus haute

[1] Religions, c'est-à-dire, Ordres religieux.

élévation elle s'appelle zèle, qui est un éclat, une saillie, un excès et une profusion d'amour, qui ne pouvant se tenir renfermé dans un cœur, se répand et se déborde au dehors. Saint Denis l'appelle un effet et une impétuosité d'amour [1]. Ainsi l'on doit dire que la plus parfaite de toutes les religions est celle qui est animée d'un plus grand zèle, parce qu'elle a plus d'amour et de charité, qui fait l'essence de la perfection. « C'est la douceur de la vérité, dit très-bien saint Augustin, qui nous fait apprendre ; mais c'est le mouvement de la charité qui nous fait enseigner [2]. »

Cette vérité paraît évidemment dans la conduite que Dieu tient dans l'univers ; car nous voyons que tout ce qui est parfait produit son semblable, et qu'il n'y a que les êtres imparfaits qui soient stériles et infructueux. Ainsi les plantes ne portent point de fruits, ni les animaux de petits, jusqu'à ce qu'ils soient, pour ainsi parler, sortis de l'enfance de la nature, et qu'ils aient atteint un certain âge de maturité et de perfection. Il faut dire le même des âmes. Il y en a de stériles et de fécondes.

[1] Amatorium quemdam impetum.

[2] Ut discamus, invitare nos debet suavitas veritatis ; ut autem doceamus, cogere nos debet necessitas charitatis.

Les stériles ne produisent rien ; les fécondes produisent leurs semblables : et, comme la fécondité est la marque d'une nature parfaite, et qui approche le plus de celle de Dieu, on ne peut nier que celles qui se multiplient en quelque façon par la génération spirituelle, et qui forment, comme parle saint Paul, Jésus-Christ dans les cœurs, ne soient plus parfaites que celles qui se contentent de le faire vivre dans elles-mêmes.

En effet, il faut discourir du bien à proportion comme nous discourons du mal. De même que tous les hommes, il n'y en a point de plus méchants que ceux qui débauchent les autres, et qui leur inspirent leur malice, ou par leur doctrine, ou par leurs exemples : aussi les meilleurs et les plus parfaits sont ceux qui ne se contentent pas de servir Dieu, mais qui attirent encore les autres à son service.

Saint Thomas prouve cette vérité par une troisième raison qu'il tire de la nature de Dieu, qui est le modèle de notre sainteté et de notre perfection. Dieu, dit-il, n'est pas seulement bon en soi-même, mais il fait encore à ses créatures de continuelles profusions de ses bontés. Il n'est pas seulement parfait, mais il veut que nous soyons parfaits comme lui, et travaille incessamment par sa grâce à exprimer dans nous l'image de sa nature et de sa sainteté. Saint Ambroise appelle ce zèle qu'il a de notre salut, *la vie de Dieu :* comme si un Dieu sans zèle serait un Dieu mort, ou, pour parler avec Tertullien, un Dieu semblable à celui d'Epicure, lâche, endormi, inutile aux hommes, et qui ne leur serait rien[1]. Dieu, dit saint Jean, n'est qu'amour et que charité; et puisque le zèle est un débordement d'amour, on ne peut douter que ceux d'entre les hommes, qui sont embrasés d'un plus grand zèle pour le salut du prochain, ne soient les plus saints et les plus parfaits. Aussi saint Thomas leur donne le premier rang dans l'univers, et les élève au dessus de toutes les créatures[2]. Et ce n'est pas sans raison; car nous voyons que les êtres les plus nobles sont ceux qui approchent le plus près de Dieu, et qui répandent ici-bas le trésor de leurs influences. Le soleil est le premier de tous les astres, parce qu'il donne la vie à toute la nature. Les premières de toutes les intelligences sont celles qui ont une plus grande étendue de pays à gouverner. Il y en a qui n'ont soin que d'une maison, d'autres ont

[1] Deum otiosum et inexercitatum ac prope neminem hominibus. *Apolog.*

[2] Has oportet esse superiores creaturas. *Op.* 2, *c.* 124.

le gouvernement d'une ville, ou d'une province; d'autres veillent sur un royaume. Les plus nobles de toutes sont celles dont la protection s'étend sur tout l'univers.

Toutes les sociétés religieuses sont saintes, mais il y en a de plus fécondes les unes que les autres. Il y en a qui ne travaillent que pour elles-mêmes : il y en a qui se dévouent encore au salut du prochain : et celles-ci tiennent le premier rang dans l'église, parce qu'elles approchent plus près de la fécondité de Dieu. Ce sont des astres et des causes universelles, qui répandent sur les hommes l'influence de leur lumière et de leur chaleur; je veux dire, de leur science et de leur charité, de leur contemplation et de leur mortification, de toutes leurs vertus et de toutes leurs dévotions. Elles ressemblent à la sainte Vierge qui était vierge et mère tout ensemble. Elles sont vierges par la pureté de leur corps; elles sont mères par la fécondité de leurs âmes.

Aussi les saints Pères ne savent de quels noms honorer cet emploi. Ils l'appellent une fonction royale, apostolique, angélique, et divine. C'est une fonction royale, parce que l'office d'un roi est de sauver les peuples [1], comme le dit très-bien Clément d'Alexandrie.

[1] Regium est humanam servare naturam.

C'est une fonction apostolique, puisque c'est l'emploi des apôtres, que Jésus-Christ a établis les maitres, les docteurs *et les sauveurs des hommes*[1]. C'est la qualité glorieuse que leur donne saint Jérôme. C'est une fonction angélique, car que font les anges dans le ciel? les supérieurs, dit saint Denis, purgent, éclairent, et perfectionnent les inférieurs. Que font-ils sur la terre? Tous travaillent au salut des hommes, comme nous enseigne l'apôtre en son épitre aux Hébreux. C'est pourquoi saint Pierre Chrysologue appelle les personnes apostoliques *les substituts des anges*[2], parce qu'ils en font l'office.

Enfin cette fonction est divine : ceux qui y sont appelés ne sont pas seulement les substituts des anges, mais ils le sont encore en quelque manière de la Divinité; puisque toute l'occupation de Dieu, selon Tertullien, est de travailler à notre salut. Ils représentent la personne du Sauveur, dont l'office a été d'instruire les ignorants, de convertir les pécheurs, d'annoncer l'Évangile aux pauvres, de retirer les hommes de la puissance du démon, et de sacrifier sa vie pour leur salut. S. Thomas conclut de toutes ces raisons, et de quantité

[1] Quos mundi voluit esse salvatores. *Hier. in ult. Abd.*
[2] Totum in angelum substitutum. *Serm.* 26.

d'autres que j'omets, qu'entre tous les ordres religieux les plus parfaits sont ceux qui joignent l'action à la contemplation, et qui répandent, comme de grands fleuves, par toute la terre le trésor de leurs grâces et de leurs vertus.

Or, entre ceux qui rendent service au prochain, il y en a qui ont des emplois de charité bien différents. Les uns assistent les corps, les autres les esprits : les uns sont pour les saints, les autres pour les malades : les uns cultivent la jeunesse, les autres prennent aussi soin de la vieillesse. S'il faut mesurer la perfection sur l'étendue de la charité, il est clair que les plus nobles sont ceux qui embrassent tous les hommes, de quelque âge, de quelque sexe et de quelque qualité qu'ils soient. Mais, de tous ceux dont l'institut est borné, il faut donner le premier rang aux communautés qui se consacrent et se dévouent à l'instruction de la jeunesse.

Les païens ont connu cette vérité par la seule lumière de la raison. Platon dit qu'il n'y a rien de plus divin que de former les enfants à la vertu. Aristote ajoute que tout dépend de leur éducation : il entend le bien des particuliers et celui de la république. Le bien particulier en dépend ; car les bonnes mœurs sont les fruits d'un plant bien cultivé, et d'une jeunesse bien disciplinée. La vie morale a sa naissance et ses progrès aussi bien que la naturelle. Un enfant, qui vient au monde avec un corps défectueux sera contrefait le reste de ses jours ; parce que, le vice étant dans le principe, il doit passer pour incurable. Il en est de même d'un homme qui n'a pas été bien formé dans sa jeunesse, on peut dire que, sans une espèce de miracle, il sera vicieux dans sa vieillesse. C'est le Saint-Esprit qui nous en assure par la bouche du Sage. « Un homme, dit-il, ne quittera point » en sa vieillesse le chemin qu'il aura tenu » dans sa jeunesse [1]. Job ajoute, qu'il portera » dans le tombeau les vices de son enfance, et » que ses crimes dormiront avec lui dans le » sépulcre [2]. »

Il faut dire le contraire de l'instruction qu'on donne aux enfants. C'est une semence de vertu qui s'enracine dans leurs cœurs, et qui porte des fruits en abondance le reste de leurs jours. Un champ ne rapporte que ce qu'on y a semé. La première teinture de l'esprit est comme une première couche de grâce et de vertu qui ne s'efface jamais.

C'est pourquoi la bonne éducation a toujours

[1] Adolescens juxta viam suam, etiam cum senuerit, non recedet ab ea. *Prov.* 22.

[2] Cum eo in pulvere dormient. *Job*, 20.

passé pour un principe de salut et de prédestination. Saint Grégoire, ce grand faiseur de miracles, remercie Dieu de lui avoir donné Origène pour maître, comme de la plus grande grâce qu'il ait reçu de sa bonté. Saint Basile dit le même, et lui en témoigne les mêmes reconnaissances. Tous deux la mettent au rang des faveurs extraordinaires, et la font passer pour un effet et une marque de leur prédestination. C'est dans ce sentiment que les païens même ont préféré ce bienfait à celui de la vie. Hippocrate le prince des médecins, dans le fameux serment qu'il exige de ses disciples, les fait jurer qu'ils déféreront autant à leurs maîtres, qu'à leurs pères et à leurs mères. Aristote veut qu'on les honore davantage, parce qu'on leur a plus d'obligation ; car les parents nous donnent la vie du corps, et les maîtres celle de l'esprit. Les premiers nous communiquent l'être qui nous est commun avec les bêtes, et les seconds l'être bon qui nous est commun avec Dieu.

Ce n'est pas seulement le bien particulier qui dépend de la bonne éducation, mais encore le public. Le prince des philosophes appelle avec raison et avec grand sens la jeunesse le suc et le sang de la république ; car, comme le sang n'est pas une partie du corps, parce qu'il n'est ni animé n'y continu, et cependant c'est de lui que dépendent la vie et la santé du corps : de même les jeunes gens ne sont pas membres de la république, et néanmoins c'est de leur bonne éducation que dépend le bon état de la république. C'est pour cela, dit-il, qu'il en faut prendre un grand soin, et leur donner de bons maîtres.

Les Grecs persuadés de cette vérité choisissaient pour les instruire les personnes les plus sages de tous leurs États. Les Perses donnaient cet emploi aux vieillards les plus sensés de tout leur royaume, et les Lacédemoniens aux plus illustres de leurs Magistrats, qu'ils appelaient maîtres et précepteurs des enfants. Sénèque le philosophe, au livre qu'il a fait de la tranquillité, demande trois qualités dans les personnes qu'on destine à cette fonction si importante à l'État. La première, que ce soient des hommes remplis de sagesse. La seconde, qu'ils soient liés et dévoués à cette profession si éclatante. La troisième, qu'ils travaillent sous un grand titre et pour une fin honorable [1].

Mais où trouvera-t-on des gens de ce caractère dans le monde? Hélas! on y rencontre souvent des pestes de la jeunesse, je veux dire, des

[1] Sapientiæ magistros, ad professionem speciosam alligatos, et sub ingenti titulo laborantes.

maîtres et des maîtresses mercenaires qui ne travaillent que pour un vil intérêt, et qui se soucient fort peu que leurs disciples se damnent pourvu qu'ils profitent de leur damnation. C'est ce qui a obligé de tout temps les grands seigneurs, avant l'établissement de ces fameuses Universités, qui sont maintenant pour la jeunesse des sources de science et de vertu, de renfermer leurs enfants dans des monastères, comme dans des asiles d'innocence et des Académies des belles-lettres. Et c'est de cette école que sont sortis les saint Grégoire, les saint Maur, les saint Placide et presque tous les grands hommes qui ont éclairé l'Eglise de la lumière de leur sagesse et de leur sainteté.

L'empereur Charlemagne, en ses Capitulaires, ordonne à tous les prieurs des monastères de son empire de retirer et d'instruire chez eux les enfants de qualité : « afin, dit-il, que par » leur bonne et religieuse conversation, plu- » sieurs soient attirés au service de Dieu [1]. » C'est pour cette même raison que ce grand prince, aussi illustre par son savoir que par sa valeur, fonda dans Paris cette illustre Académie, qui a été depuis ce temps-là le collége de toutes les nations, le séminaire de tous les savants, la

[1] Ut eorum bona conversatione multi attrahantur ad servitium Dei.

gloire et l'ornement de la France. Saint Louis à son exemple fit élever deux de ses enfants dans les monastères de saint Dominique et de saint François [1] : afin dit l'auteur de sa vie, que par l'instruction et la conversation de ces bons religieux, il conçussent le dessein de se dévouer comme eux au service de Dieu. L'un et l'autre savait ce que dit Synésius, qu'il faut des hommes divins pour rendre des hommes dieux, et qu'il n'y a rien que les enfants apprennent plus aisément que le vice.

Or quoique tous les gens de bien puissent exercer avec fruit une fonction si importante au bien public, on doit avouer pourtant que ceux qui en font une profession particulière, qui s'y sont engagés par vœux, et qui s'acquittent de cet emploi comme d'une fonction propre de leur institut, y réussissent pour l'ordinaire mieux que ceux qui n'y sont pas appelés : car comme c'est leur vocation, ils ont pour l'exercer dignement, et des talents propres, et des grâces de Dieu toutes particulières. Ce sont là ces maîtres de sagesse qui se sont dévoués à une si belle profession, et qui travaillent sous un grand titre, qui est la gloire de Dieu et le salut du prochain.

Ce n'est pas seulement aux hommes que con-

[1] *Guillel. de Bellov.*

viennent ces qualités honorables, mais encore aux filles qui s'engagent par vœu ou par charité à l'éducation des petits enfants. Elle obligent également et l'Eglise et l'État : car le bonheur de l'un et de l'autre dépend principalement de la vertu des femmes, et nous voyons par expérience que l'instruction qu'elles reçoivent dans leur jeunesse, contribue fort à les maintenir dans la vertu et dans l'honnêteté.

Aussi est-ce l'emploi que la sainte Vierge choisit après que son Fils fut monté au ciel. Thémistius rapporte qu'elle se retira sur la montagne du Carmel où elle assembla plusieurs jeunes filles qu'elle instruisait et formait à la vertu. Jésus-Christ notre Sauveur faisait des leçons de sagesse à tout le monde : mais son plaisir était de se voir environné de petits enfants. Il les prenait entre ses bras ; il les instruisait et leur donnait sa bénédiction. « Laissez venir à moi, disait-il, les petits enfants, et ne les en empêchez point ; car le royaume de Dieu est pour ceux qui leur ressemblent [1]. »

Oh ! je ne m'étonne pas si saint Ignace, ce grand zélateur de la gloire de Dieu, a obligé ses enfants par un vœu exprès à prendre soin de l'instruction de la jeunesse : il voyait le bien que devait produire au monde cet exercice de cha-

[1] *Luc*, 10.

rité, et que sa compagnie, par le moyen de l'éducation, donnerait de bons prélats à l'Église, de bons pasteurs aux paroisses, de bons religieux aux monastères, de bons magistrats aux villes, de bons gouverneurs aux provinces, de bons juges aux cours souveraines, et de bons sujets aux princes.

Ce grand et judicieux capitaine voulant combattre le monde, et l'assujettir à l'empire de Jésus-Christ, l'a attaqué par l'endroit le plus faible, qui est l'enfance, et cependant le plus avantageux à son dessein, puis qu'instruisant et sanctifiant les enfants, il instruisait et sanctifiait tout le monde qu'il devaient bientôt remplir.

C'est aussi ce que vous faites de votre côté, mes très-chères Sœurs, avec un zèle et une charité infatigable; c'est pour cela que j'appelle votre emploi une fonction royale, une fonction apostolique, une fonction angélique, une fonction divine. Vous êtes les astres du firmament, qui répandez sur la terre la lumière de vos instructions et la chaleur de vos bons exemples. C'est vous aussi qui sanctifiez l'Eglise, qui peuplez les cloîtres, qui mettez le bon ordre dans les familles, qui donnez aux personnes de votre sexe l'horreur du vice, et qui leur inspirez la pudeur, l'honnêteté, la sagesse, la modestie, la dévotion, la crainte de Dieu, et généralement toutes les vertus qui forment une femme chrétienne. Vous semez avec beaucoup de travail ce que tous les siècles et tous les pays recueilleront ensuite avec beaucoup de plaisir. Qui pourrait déclarer le mérite de votre vocation? C'est ce qu'il nous faut tâcher de faire connaître en la seconde partie de ce discours.

DEUXIÈME PARTIE.

Trois choses rendent une aumône d'un grand mérite. La première est la nature et le prix de la chose qui est donnée. La seconde, la qualité et l'indigence de la personne à qui elle est donnée. La troisième, la pureté du motif avec lequel elle est donnée. Ce sont là les trois circonstances qui relèvent le prix et la valeur de la charité que vous rendez aux petits enfants.

La chose que vous donnez est d'un prix inestimable : car ce n'est ni de l'or ni de l'argent, mais ce qui vaut infiniment davantage, comme dit l'Écriture, la connaissance de Dieu, la manière de le servir, de le prier et de l'aimer, la science des saints, la sagesse du paradis, la vie spirituelle et divine, la grâce et la sainteté des mœurs.

Notre première vie est une vie de bête, nous ne devenons hommes qu'avec le temps. La raison est si faible dans nos premières années, qu'elle ne saurait discerner le bien d'avec le mal. Les enfants ne sont, pour ainsi parler, que des hommes ébauchés qui se forment et qui s'achèvent par la parole. Ce sont des créatures raisonnables qui s'organisent par l'instruction qu'on leur donne. Les parents ne mettent au jour que de faibles animaux, et les maîtres en font des hommes et des chrétiens.

En entrant dans ce monde les enfants ne sont, pour ainsi dire, que des masses de chair et des hommes informes dans leurs tendres années : mais les maîtres en font des créatures raisonnables par leur langue et par leur parole. Ce sont des esclaves, et les maîtres les mettent en liberté. Ce sont des aveugles, et les maîtres leur donnent la lumière. Ce sont des muets, et les maîtres leur rendent la parole. Ce sont des païens, et les maîtres en font de parfaits chrétiens. Ce sont des êtres viciés par la nature, et les maîtres en font des anges par la vertu. Quelle grâce ! quel bienfait ! quelle charité comparable à celle-là ? L'aumône pour petite qu'elle soit est d'un si grand mérite, que Dieu lui doit le centuple dès cette vie, et le paradis en l'autre, pourvu qu'elle soit faite en grâce. Et que

doivent donc espérer ceux et celles qui abandonnent tous leurs biens pour communiquer à de pauvres enfants les trésors de la sagesse? trésors qui surpassent en valeur tous les biens de la terre, au jugement du plus sage de tous les hommes. Voici la déclaration qu'il en fait : « J'ai désiré, dit-il, et le sens m'a été donné.
» J'ai prié Dieu, et il m'a donné l'esprit de sa
» sagesse. Je l'ai préféré aux trônes et aux
» diadèmes, aux royaumes et aux empires.
» Tout l'or de la terre n'est qu'un grain de
» sable au prix de la sagesse. Tout l'argent
» n'est que de la boue en comparaison d'elle.
» C'est pour cela que je l'ai aimée plus que la
» vie : toutes sortes de biens me sont venus
» avec elle [1]. »

Mesdemoiselles, si ces mères vous avaient donné ce que la nature peut-être vous a refusé; si elles avaient corrigé vos défauts, et vous avaient procuré une beauté de corps incomparable; si elles vous avaient élevées sur des trônes et mis sur la tête la couronne de tout l'univers, vous ne leur seriez pas si obligées que vous l'êtes, pour en avoir reçu la crainte et la connaissance de Dieu, l'esprit de la science et de la sagesse chrétiennes : ce sont là vos véritables mères. Celles qui vous ont donné la vie du

[1] *Sap.* 7.

corps, vous ont donné une vie animale : mais celles-ci vous donnent une vie raisonnable et divine. Vos mères vous ont conçues dans l'iniquité, celles-ci vous conçoivent dans la grâce. Vos mères en vous mettant au monde vous ont, pour ainsi parler, précipitées dans l'enfer; et celles-ci vous en retirent avec beaucoup de peine pour vous mettre en paradis. Que si l'on ne peut reconnaître le bienfait de la vie du corps toute misérable qu'elle est, comment reconnaîtrez-vous la vie de l'âme que vous avez reçue de ces mères charitables? A la vérité, pour peu qu'on considère la nature de ce don, on trouvera qu'il est d'un prix inestimable.

Mais ce qui en augmente la valeur, c'est l'infirmité et l'indigence de celles à qui il est fait : car on ne peut révoquer en doute que les miséricordes spirituelles ne soient préférables aux corporelles, et que d'autant plus qu'une personne à qui on les fait est pauvre et indigente, utile à l'Eglise et au public, d'autant plus grand est le mérite de la charité qu'on exerce envers elle. C'est ici, mes très-chères Sœurs, que je veux découvrir le trésor de vos bonnes actions. Je ne parle point des charités corporelles que vous rendez à vos jeunes élèves, qui valent bien celles qu'on rend aux pauvres et aux malades : je ne m'arrête qu'aux spirituelles, qui consistent dans les instructions que vous leur donnez, et dans le soin que vous en prenez.

Saint Paul appelle l'instruction qu'il donnait aux premiers chrétiens, un lait qu'il tirait de son sein, et dont il les nourrissait comme de petits enfants [1]. Le lait d'une mère lui vient sans peine, elle le donne avec plaisir à son enfant; mais celui que vous donnez à ces petites filles, hélas! vous coûte bien cher. Il y a souvent de méchants enfants qui vous tirent le sang avec le lait, et qui par une cruauté dénaturée, mordent et déchirent la mamelle qui leur donne la vie: mais n'entrons point dans cette matière de douleur.

Quelque noble que soit la dignité de l'homme, il est hors de doute qu'il n'y a point d'animal plus pauvre, plus infirme, et plus dénué de toute sorte d'assistance qu'un enfant. D'autre part, c'est une vérité constante que le salut des hommes dépend de leur enfance et de la première éducation qu'on leur a donnée: car c'est une source de biens ou de maux, qui se répand dans tous les âges, et une racine qui ne cesse de pousser et de fructifier jusqu'à la mort, comme nous avons dit. Tous les commencements sont d'importance en toutes sortes d'affaires. Un voyageur qui s'égare au commencement de son

[1] Tanquam parvulis lac potum dedi. 1. *Cor.* 3.

voyage, s'éloigne de son terme à mesure qu'il avance. On ne fait point de petites fautes en fondant une maison; un arbre qui est gâté dans la racine ne portera jamais de bon fruit. C'est pour cette raison que le concile de Trente ordonne à tous les évêques, d'établir dans leurs diocèses des académies, et des séminaires pour élever la jeunesse, parce que les premières instructions sont ordinairement le fondement du salut et de la prédestination. Et puis, les jeunes, comme j'ai dit, succèdent aux vieux; les petits prennent la place des grands. C'est pourquoi instruire les enfants, c'est instruire tout le monde; et sanctifier les enfants, c'est sanctifier tout le monde. Quelle action de plus grand mérite que celle-là?

Je ne puis pas voyager par toute la terre; je ne puis pas aller prêcher par toute la France; je ne puis pas faire mission dans toutes les villes; je ne puis pas entrer dans toutes les maisons, ni instruire toutes les familles : mais les enfants que j'instruis seront un jour des chefs de famille, qui rempliront les villes et les royaumes. Ainsi, sans sortir du lieu où je suis, je fais presque mission par toute la terre; j'instruis, j'éclaire, je sauve et je sanctifie une bonne partie de la France. Peut-on rien faire qui soit de plus grand mérite?

De tous les péchés qu'on peut commettre, il n'y en a point de plus griefs et de plus pernicieux, que ceux qui se communiquent, qui se répandent et qui se perpétuent par une espèce de contagion. Tel a été le péché de nos premiers parents qui infecte tous leurs descendants, parce que c'est un péché d'origine. Tel est aussi le péché de scandale, qu'on peut nommer une espèce de péché originel, parce qu'il se communique au prochain : c'est pour cela que le Fils de Dieu a fulminé de si terribles malédictions contre les personnes scandaleuses

Or, ce que nous disons des péchés, se doit dire par une raison contraire des vertus. Les plus nobles et les plus méritoires sont celles qu'on peut appeler originelles, parce qu'elles sont fécondes, et qu'elles se communiquent aux autres. De ce nombre sont les vertus, les exemples, et les bonnes actions des pères et des mères : car les enfants, pour l'ordinaire, héritent des bonnes et des mauvaises qualités de leurs parents. Telles sont aussi les vertus des maîtres et des maîtresses, qui s'impriment comme un cachet sur le cœur tendre des enfants. Ce sont de grands fleuves qui répandent partout la bénédiction et la fécondité. Ce sont de grands arbres qui nourrissent de leurs fruits ceux qui sont sous leur discipline. Un homme, dit Salvien, commet autant de crimes qu'il en fait commettre aux autres, et en souffrira la peine comme s'il en était l'auteur [1]. Ce qui est conforme à la doctrine des Théologiens, qui enseignent que ceux qui donnent cours au vice par leurs écrits et par leurs exemples, sont d'autant plus tourmentés dans l'enfer, que leurs livres et leurs exemples font commettre de péchés sur la terre.

Sainte Brigitte [2] rapporte dans ses révélations, qu'elle vit un jour sortir d'un lac ténébreux une femme qui avait été fort mondaine pendant sa vie, et qui avait élevé sa fille dans les mêmes sentiments. Elle nous la représente dans une figure affreuse, et dit qu'elle jetait de temps en temps des cris effroyables, et se plaignait de sa fille qui était encore en vie, de ce qu'elle augmentait son supplice. Ah! malheureuse, disait-elle, pourquoi t'ai-je mise au monde? pourquoi t'ai-je enseigné le mal? hélas! autant de fois que tu le commets tu redoubles mes peines, et tu augmentes mes tourments.

Mesdames du monde, qui assistez à cette instruction, profitez de cet exemple! si vous élevez mal vos enfants, sachez que vous n'aurez point de démons ni de bourreaux dans les en-

[1] Pro tantis reus quantos secum traxerit in reatum.

[2] *Revel.* 6.

fers plus cruels et plus impitoyables qu'eux.

Mesdemoiselles, si vos parents sont décédés, n'imitez pas leurs vices, et ne faites pas le mal qu'ils vous ont enseigné : car ainsi vous redoublerez leurs peines s'ils sont dans les enfers, et vous rendrez plus grand et plus ardent le feu qui les dévore. Ah ne conspirez pas avec les démons à les tourmenter ; et ne mettez pas des fouets entre les mains de la justice de Dieu, pour les punir des péchés qu'ils vous ont laissés en héritage. C'est ainsi que les damnés souffrent dans les enfers, à mesure que leurs scandales produisent de mauvais effets sur la terre.

Au contraire, les saints dans le ciel ont un nouveau surcroît de gloire, lorsque leurs livres ou leurs instructions contribuent au salut des âmes. O les belles et les riches auréoles que Dieu prépare à une religieuse qui inspire aux petits enfants l'horreur du vice et l'amour de la vertu [1] ! « Ceux, dit le Saint-Esprit, qui » instruisent les autres et qui leur enseignent » la voie du salut brilleront dans toute l'éter- » nité comme les étoiles du firmament [2] : » parce qu'ils les ont éclairés, dans le temps, de la lumière de leur doctrine et de leurs bons exemples.

[1] Qui fecerit et docuerit, hic magnus vocabitur in regno cœlorum. *Matth.* 4.

[2] *Daniel.* 12.

Il y a diverses demeures dans le ciel ; il y a des trônes de gloire différents les uns des autres ; tous ne sont pas égaux en grandeur : mais le Fils de Dieu nous assure que les plus élevés seront pour ceux qui auront fait le bien et qui l'auront enseigné. Et où placera-t-on une religieuse qui instruit les jeunes filles, avec des peines et des fatigues très-grandes ? qui leur apprend à gagner la vie temporelle et éternelle ? qui le fait gratuitement sans en attendre aucune récompense, par une charité pure et désintéressée, et par un engagement volontaire de sa liberté, qu'elle a dévouée à un emploi si pénible et si laborieux, si avantageux au ciel et à la terre, si nécessaire à l'Église, si utile au public, si agréable à Dieu, si profitable à tout le monde ?

Quelle assurance aura-t-elle à la mort, après avoir consumé sa vie dans cet exercice de patience et de charité ? il ne faut, dit saint Jacques, qu'avoir converti un pécheur pour assurer son salut, et pour obtenir le pardon de tous ses péchés. Eh ! que peut donc appréhender une religieuse qui a retiré une grande multitude d'âmes des enfers, qui a sanctifié une infinité de familles, qui a empêché une infinité de crimes, qui a planté et enraciné dans les cœurs une infinité de vertus ; qui loue Dieu par autant de bouches qu'elle a enseigné d'enfants à prier ; qui le sert par autant de mains qu'elle en a dressé au travail et à la pratique des vertus ; qui l'aime par autant de cœurs, qu'elle en a embrasé du feu de la charité ; qui la fait connaître à de petits infidèles, adorer par de petits athées, aimer par de petits sauvages ; qui lui a donné une infinité de sceptres, de couronnes et d'empires, puisque le cœur de l'homme est le royaume de Dieu ? s'il promet de récompenser au jour du jugement celui qui aura donné à un pauvre un verre d'eau en son nom, quelle récompense prépare-t-il à celle qui lui donne tous les jours tant de victimes, tant d'offrandes, tant d'enfants et tant d'épouses ? et s'il remerciera ceux qui auront donné au dernier des hommes les biens du corps qu'il appelle trésors d'iniquité, quelle obligation aura-t-il à celles qui dispensent aux petits enfants qu'il chérit si tendrement, et qui sont dans la dernière pauvreté, les biens de l'esprit et les trésors de la grâce ; c'est le raisonnement de saint Jérôme.

Oh ! quelle consolation aura une bonne religieuse à la mort, de voir venir à son secours toutes les âmes qu'elle aura mises au ciel, comme ce bon religieux de saint François qui se vit en mourant environné de soixante mille esprits, dont il avait procuré le salut pendant la vie! ne craignez point, ma chère sœur, quand vous serez dans la langueur et dans la défaillance, les anges gardiens de tous les enfants que vous aurez instruits, viendront vous consoler. Toutes les âmes que vous aurez mises au ciel, formeront une belle couronne autour de votre lit, et porteront votre âme dans le sein d'Abraham avec des cantiques de gloire et de réjouissance. Oh! que votre profession est d'un grand mérite, puisque vous procurez le plus grand de tous les biens aux plus nobles et aux plus indigentes des créatures, par un motif de charité pure et désintéressée et avec des fatigues incroyables.

Mais vous direz peut-être que si l'on se sauve dans cet emploi, il est difficile de s'y perfectionner, pour la dissipation continuelle que produit votre vocation toujours occupée au dehors, et qui demande beaucoup de soins et d'inquiétudes. Quoique cette crainte paraisse assez bien fondée, je maintiens néanmoins que c'est une illusion, et que cet emploi de charité, bien loin d'éloigner les âmes de la perfection, est un moyen très-avantageux pour y parvenir : c'est ce que nous allons faire voir en cette dernière partie.

TROISIÈME PARTIE.

C'est une vérité connue par la lumière de la raison et de la foi, qu'ordinairement parlant, il faut être saint pour sanctifier les autres, parfait pour les perfectionner, savant pour les instruire, riche pour leur donner, sans défaut pour les corriger, par la raison qu'une chose ne peut pas donner à son effet une perfection qu'elle n'a pas : c'est pourquoi ceux qui travaillent au salut et à la perfection du prochain pour réussir dans leur emploi, doivent être parfaits eux-mêmes, c'est-à-dire morts à leurs passions et à leurs désirs déréglés : car un instrument ne peut agir, s'il n'est uni à la cause principale; et pour lui être uni, il faut qu'il soit sans vie et sans mouvement : ainsi le pinceau doit être dans la main du peintre, et n'avoir point d'autre mouvement que celui qu'il lui donne ; s'il pouvait se remuer de soi-même, il gâterait et défigurerait un tableau, au lieu d'y réussir. Ceux qui sont appelés de Dieu pour travailler au salut des âmes, étant les instruments de ses desseins et de ses volontés, doivent lui être parfaitement unis, et détachés d'eux-mêmes pour recevoir le mouvement uniquement de son esprit. Ils doivent donc être saints pour sanctifier les autres, et parfaits pour les perfectionner. La grâce étant un fruit de la croix, il faut être crucifié avec notre Seigneur pour la produire. Si le grain de froment ne meurt dans le sein de la terre, il ne rapporte rien ; il n'y a que la mort qui vivifie les âmes, et qui opère dans les hommes apostoliques [1], comme parle l'Apôtre des gentils.

Or, quoique cela soit nécessaire à tous ceux qui travaillent pour le salut du prochain, il l'est néanmoins encore davantage à ceux et à celles qui sont appelés à l'instruction de la jeunesse : car les exemples persuadent bien plus fortement que les paroles, et la main dans ces ouvrages avance bien plus que la langue. Vous avez beau dire à des enfants qu'il faut être modestes, patients et obéissants; si vous ne l'êtes pas vous-mêmes, ils ne vous croiront jamais.

D'autre part le mal s'apprend bien plus aisément que le bien. Les enfants regardent leurs maîtres et leurs maîtresses comme le modèle de leur vie, et comme la règle de leur perfection. Ce sont de sévères censeurs qui ne pardonnent rien à ceux qu'ils examinent; s'ils remarquent quelques défauts dans les personnes

[1] Mors in nobis operatur. 2. *Cor.* 4.

qui les gouvernent, ou ils les méprisent, ou ils croient avoir droit de les imiter.

Les personnes raisonnables excusent facilement les imperfections de leurs supérieurs, sachant que nul n'en est exempt en cette vie, et que notre perfection, comme dit saint Jérôme, consiste à connaître notre imperfection. Dieu qui veut que ses serviteurs soient humbles, parce que sans humilité il n'y a point de vertu, met souvent leur sainteté à couvert de la vanité par des faiblesses et des défauts visibles qu'il leur laisse, et qui leur attire le mépris des hommes. Les sages, dis-je, excusent tout et ne se scandalisent de rien; mais les enfants qui ne jugent que par les sens, se scandalisent de tout et ne pardonnent rien : c'est pour cela qu'il faut, ou être sans défauts, ou prendre grand soin de les cacher en leur présence.

Le Fils de Dieu fait un discours sur ce sujet en saint Matthieu[1], que je ne puis omettre sans trahir la vérité. Ayant remarqué que ses disciples avaient quelque pensée d'ambition, il prend un enfant et l'ayant mis au milieu d'eux, leur fait ce discours : « Je » vous dis en vérité, que si vous ne vous

[1] *Matth.* 18.

» convertissez, et si vous ne devenez sembla-
» bles à de petits enfants, vous n'entrerez point
» dans le royaume des cieux. C'est pourquoi
» quiconque s'humiliera, et se rendra petit
» comme cet enfant, celui-là sera plus grand
» dans le royaume des cieux, et quiconque
» reçoit en mon nom un enfant tel que je
» viens de dire, c'est moi-même qu'il reçoit. »
Remarquez ce mot (c'est moi-même); ainsi tous les services que vous rendez à ces enfants, c'est à la propre personne du Fils de Dieu que vous les rendez. C'est lui que vous levez, que vous couchez, que vous habillez, que vous instruisez. Mais ce qu'il ajoute est aussi terrible que ce que je viens de dire est consolant. « Si quelqu'un est un sujet de
» scandale à un de ces petits qui croient en
» moi, il vaudrait mieux pour lui qu'on lui
» pendît au cou une meule de moulin, et
» qu'on le jetât au fond de la mer. Malheur
» au monde à cause des scandales. »

Voilà un discours, mes très-chères Sœurs, qui semble plus capable de vous abattre que de vous encourager, et d'ébranler votre vocation que de l'affermir; car qui est-ce qui est sans défaut? qui peut dire qu'il est parfait? c'est en être bien éloigné que de le croire. J'avoue de bonne foi qu'il serait à désirer que celles qui sont dans ces emplois de charité, fussent les plus saintes et les plus vertueuses de toute la communauté : mais il ne faut pas que les autres qui sont imparfaites, fuient cette charge comme n'étant pas capables de l'exercer : au contraire, c'est ce qui les y doit affectionner davantage, parce que c'est le chemin le plus droit et le plus assuré pour arriver à la perfection.

En effet, c'est une vérité constante en théologie, que lorsque Dieu nous appelle à un emploi, il nous fournit toutes les grâces qui nous sont nécessaires pour nous en acquitter dignement. C'est sur ce grand principe qu'est fondée la sainteté éminente que nous reconnaissons dans la sainte Vierge et dans sainte Anne sa mère : car l'une étant appelée à élever un Dieu, et l'autre à former une mère de Dieu, elles devaient avoir des grâces proportionnées à un emploi de cette importance.

Il faut beaucoup de vertu et de sainteté pour instruire les enfants, cela est véritable : mais pour l'obtenir il n'y a qu'à embrasser cette profession par un motif de charité; car Dieu qui est juste et libéral, a quelque espèce d'obligation de fournir à ces personnes toutes les grâces et tous les secours nécessaires pour acquérir la perfection ; de même qu'il donne du lait à une mère, dès lors qu'il lui a donné un enfant.

En effet, qui croira qu'il refuse le lait de la grâce à de saintes filles qui, par un excès d'amour très-pur et très-désintéressé, exercent l'office de mères envers un si grand nombre d'enfants, à qui elles donnent une nouvelle naissance, et procurent la vie éternelle avec des soins et des fatigues qui ne se peuvent exprimer? Celui qui veut la fin, ne doit-il pas fournir les moyens pour y parvenir? Dieu veut que vous sanctifiiez ces enfants par vos discours et par vos exemples, et vous ne pouvez leur donner la sainteté, si vous ne l'avez pas vous-mêmes : autant donc que vous êtes assurées que Dieu veut que ces jeunes filles soient saintes, autant le devez-vous être, puisqu'il vous a assigné un fonds de grâces extraordinaires pour arriver à la plus haute sainteté, et qu'elle ne vous manquera jamais, tandis que vous travaillerez à leur éducation.

Mais quand Dieu ne serait pas obligé de vous fournir ces services si nécessaires pour cet emploi, il n'y a point de moyen plus puissant pour les obtenir, que de faire la charité aux petits enfants, parce que notre Seigneur les aime, et qu'il tient fait à sa propre personne le bien qu'on leur fait : d'ailleurs les prières des enfants ont un très-grand pouvoir sur le cœur de Dieu, n'y ayant rien dans eux qui en puisse empêcher l'effet. Au contraire, il y remarque tout ce qui lui peut toucher le cœur, comme sont : l'indigence, l'humilité, la pureté de vie et l'innocence. Et pour qui est-ce que les enfants prieront, si ce n'est pour ceux qui leur donnent une vie préférable à celle qu'ils ont reçue de leurs parents? qui éclairent leur esprit, qui sanctifient leurs mœurs; qui les rendent hommes, leur donnant la vie de la raison; chrétiens, leur procurant la vie de la grâce; parfaits, leur inspirant la vie divine; heureux, les formant et les disposant à mériter la vie de la gloire?

C'est donc une grande illusion de fuir l'instruction de la jeunesse, ou pour la peine que donnent les enfants, ou pour le peu de capacité qu'on a pour ces emplois, ou pour la crainte qu'on a de se dissiper, ou de la peur qu'on a de scandaliser. Quoi! mes chères Sœurs, serez-vous parfaites si vous n'avez pas la grâce de votre vocation? et comment l'aurez-vous, négligeant l'emploi le plus important, le plus considérable et le plus essentiel de votre vocation? Je n'appelle point religieuse celle qui, dans un ordre consacré à l'éducation, n'a point d'affection pour les enfants, et qui n'est point disposée à les instruire : elle n'a pas l'esprit de son ordre, elle ne s'acquitte point du principal de tous ses devoirs ; c'est un cadavre de religieuse et un fantôme de religieuse, pour me servir des termes de Tertullien en un sujet semblable.

Apprenez-donc que pour être saintes et parfaites, le moyen le plus assuré est de remplir tous les devoirs de votre état, et que la grâce de perfection est attachée aux emplois propres de votre vocation ; que hors de là vous ne trouverez que misères, que langueurs, que froideurs, que dissipations, que chutes, que précipices, que malheurs temporels, qui attireront les éternels. Vous dites que vous y avez de la peine ; et c'est ce qui fait votre mérite ; c'est ce qui gagne le cœur de Dieu ; c'est ce qui arrête le bras de sa justice irritée contre vous ; c'est ce qui vous obtient toutes les grâces qui vous sont nécessaires pour faire votre salut et pour arriver à la perfection.

Vous souffrez, dites-vous, des enfants ; et Dieu ne souffre-t-il rien de vous ? il vous traitera comme vous les traiterez, et se servira envers vous de la même mesure dont vous vous serez servies envers eux. Si vous les instruisez, il vous instruira ; si vous leur faites du bien, il vous en fera; si vous les consolez, il vous consolera; si vous les sauvez, il vous sauvera.

Ne dites point que vous n'avez point de capacité pour cela; puisque c'est votre vocation, vous devez vous assurer, que le secours de Dieu ne vous manquera jamais. « Allez, dit-» il, à ma vigne, et je vous donnerai justement » ce qu'il vous faut. » Travaillez, enseignez, supportez, corrigez; je tiens compte de tout ce que vous faites à ces enfants, comme si vous le faisiez à moi-même. Je vous comblerai de mes grâces en cette vie, et je vous ferai part de ma félicité dans l'autre.

CONCLUSION.

Je finis ce discours par deux avis que je donne, l'un aux enfants, l'autre aux maîtresses qui les enseignent.

Pour vous, Mesdemoiselles, souvenez-vous que vous êtes obligées d'honorer, aimer et remercier toute votre vie ces saintes filles qui vous instruisent, puisque c'est d'elles que vous avez reçu la connaissance de Dieu, que c'est par elles qu'il vous dispense toutes

[1] Quod justum fuerit dabo vobis. *Matth.* 20.

ses grâces, que c'est à elles que vous êtes redevables de votre salut, et que sans elles vous seriez peut-être éternellement misérables. Si un enfant ne peut jamais reconnaître l'obligation qu'il a à ses parents, quand même il perdrait la vie pour eux, parce que ce bien leur appartient, et qu'il ne leur rend que ce qu'il en a reçu ; comment reconnaîtrez-vous les bienfaits que vous avez reçus de vos maîtresses, à qui vous êtes plus obligées qu'à vos parents mêmes ; qui ont pris toute la charge de votre éducation ; qui pouvaient s'exempter de tant de travaux, et qui se sont rendues volontairement esclaves pour vous procurer la liberté des enfants de Dieu ?

Vos mères n'ont senti qu'une fois les douleurs de l'enfantement lorsqu'elles vous ont mis au monde, et peut-être que leur mauvais discours et leur méchant exemple auraient déjà corrompu votre innocence : mais vos mères spirituelles sentent tous les jours des douleurs et des tranchées mortelles pour vous donner la vie de la grâce. Il n'y en a point qui ne puisse dire avec saint Paul : « Mes petits enfants, je sens de nouveau les » douleurs de l'enfantement jusqu'à ce que » Jésus-Christ soit formé dans vous. »

Dieu dans l'Écriture sainte fulmine de terribles anathèmes contre les enfants qui manquent de respect et de reconnaissance envers leurs parents. « Un enfant, *dit le sage*[1], est » perdu d'honneur et de réputation qui abandonne son père, et celui-là est maudit de » Dieu qui fait fâcher sa mère. » Dieu ne se contente pas de le frapper de sa malédiction, mais il veut encore qu'il soit maudit de tout le monde. Voici le commandement qu'il en fait au Deutéronome[2] : « Maudit soit l'enfant » qui n'honore point son père et sa mère, et » tout le peuple dira : Qu'il en soit ainsi ! »

Or, cette malédiction tombe sur son honneur, sur ses biens, sur ses plaisirs, sur ses enfants et sur sa vie. Sur son honneur, le rendant infâme ; sur ses biens, le réduisant à la mendicité ; sur ses plaisirs, le consumant de chagrins et de tristesses ; sur ses enfants, permettant qu'ils lui soient rebelles ; sur sa vie, abrégeant ses jours et le précipitant dans les enfers. Voilà ce que doivent attendre les enfants qui donnent de l'affliction à leurs parents,

[1] Quam malæ famæ est qui derelinquit patrem : et est maledictus a Deo qui exasperat matrem. *Eccli.* 3, 18.

[2] Maledictus qui non honorat patrem suum et matrem. Et dicet omnis populus : Amen. *Deut.* 27, 16.

Qui maledixerit patri suo vel matri morte moriatur. *Exod.* 21.

qui les méprisent, qui les outragent, qui leur désirent du mal, qui se moquent d'eux et qui les abandonnent dans leurs nécessités ! Je commande, dit Dieu dans la loi, qu'ils soient mis à mort sans rémission et qu'ils soient assommés à coups de pierres [1].

Cela vous effraie, mes enfants, et avec raison : mais n'appréhendez pas moins d'encourir ces peines et ces malédictions, si vous manquez de respect, d'amour et de reconnaissance envers vos mères spirituelles, puisque vous leur êtes, comme j'ai dit, plus obligées qu'à celles qui vous ont donné la vie corporelle. Celui, dit Salomon, qui rend le mal pour le bien sera toute sa vie accablé de maux ; la misère, la pauvreté, la guerre, l'infamie iront loger en sa maison et n'en sortiront jamais [2].

Ne soyez donc pas ingrates, Mesdemoiselles, envers ces saintes religieuses qui vous élèvent avec tant de soins et de tendresses. Aimez-les et les honorez comme la sainte Vierge honorait sainte Anne sa mère. Rendez-leur l'obéissance qui leur est due, et gardez-vous de les mépriser pour quelque défaut auquel vous croyez qu'elles seraient sujettes. Il n'y a point de

[1] Lapidibus eum obruet populus civitatis. *Deut.* 21.

[2] Qui reddit mala pro bonis, non recedet malum de domo ejus. *Prov.* 17.

saints sur la terre qui en soient exempts : si vous ne couvrez et si vous ne cachez ceux de vos bonnes mères, vous attirerez sur vous la malédiction de ce méchant enfant de Noé qui se moqua de la nudité de son père.

Ce n'est pas assez d'aimer et d'honorer vos maîtresses, vous devez encore respecter vos compagnes, leur donner bon exemple, et les porter au bien par vos actions et par vos discours, vous souvenant de ces paroles que le Fils de Dieu a prononcées avec tant de force et d'énergie, qui vous doivent faire trembler de frayeur. « Je vous dis en vérité que si vous ne » vous convertissez et si vous ne devenez sem» blables à de petits enfants, vous n'entrerez » point dans le royaume des cieux ; et quiconque » reçoit en mon nom un de ces enfants dont je » parle, c'est moi-même qu'il reçoit. Que si » quelqu'un scandalise un de ces petits qui » croient en moi, il vaudrait mieux pour lui » qu'on lui pendît au cou une meule de mou» lin, et qu'on le jetât au fond de la mer. Mal» heur au monde à cause des scandales : car il » est nécessaire qu'il arrive des scandales : mais » malheur à l'homme par qui le scandale ar» rive[1]. »

[1] *Matth.* 18.

C'est scandaliser un enfant que de lui enseigner le mal ou l'exciter à le faire. Les personnes scandaleuses font l'office du démon ; ce sont ses ministres et ses substituts qui perdent les âmes que le Fils de Dieu a rachetées de son sang. Si vous enseignez le mal à vos compagnes, cette terrible malédiction du Sauveur tombera sur vous ; leurs Anges vous attacheront à la mort cette meule dont parle le Sauveur, et vous précipiteront dans le fond des enfers. O mes enfants, s'écrie saint Bernard, craignez et fuyez la compagnie de ceux et de celles qui empêchent le salut des âmes. Ces personnes sont plus méchantes et plus détestables que les Juifs qui ont mis la main sur le Dieu de Majesté. Gardez-vous bien d'appuyer les desseins de Satan votre ennemi. Ne faites point la guerre à Jésus-Christ ; ne le crucifiez point dans le cœur de vos compagnes : au contraire, portez-les au bien, retirez-les du mal, donnez leur bon exemple, et vous serez les véritables enfants de l'Église. Vous ferez l'office des Anges ; vous triompherez du démon ; vous assurerez votre salut, et vous mériterez des couronnes immortelles dans le ciel.

Pour vous, mes très-chères sœurs, qui vous êtes consacrées à Dieu et au service des enfants.

remerciez Notre-Seigneur de vous avoir appelées à un emploi si grand et à une fonction si honorable, puisque c'est, comme j'ai dit, celle des anges et des plus nobles intelligences du paradis. Que feriez-vous dans le monde si vous y étiez encore? Vous damneriez peut-être les âmes, et vous les sauvez dans la religion; vous feriez l'office des démons, et vous faites celui des anges et des apôtres. Quelle consolation pour vous de vous voir mères de tant d'enfants sans cesser d'être vierges? ne puis-je pas avec raison vous appliquer ces paroles d'Isaïe [1] : « Réjouissez-vous, stérile qui n'en» fantez point : chantez des cantiques de louan» ges et poussez des cris de joie, vous qui n'a» viez point d'enfants : parce que celle qui » était abandonnée, a maintenant plus d'en» fants que celle qui avait un mari, dit le » Seigneur. Prenez un lieu plus grand pour » dresser vos tentes... Vous vous étendrez à » droite et à gauche : votre postérité sera l'hé» ritière des nations, et elle habitera les villes » désertes. Ne craignez point, vous ne serez » point confondue... car celui qui vous a créée » sera votre Seigneur, » ou comme l'Hébreu

[1] Lauda, sterilis quæ non paris, decanta laudem et hinni, quæ non pariebas; quoniam multi filii desertæ, magis quam ejus quæ habet virum, dicit Dominus. *Is.* 54.

» sera votre époux ; son nom est le Dieu des » armées, et le saint d'Israel qui vous rachè» tera, s'appellera le Dieu de toute la terre. »

Réjouissez-vous donc, chastes épouses de Jésus-Christ, et louez Dieu à qui vous avez consacré votre virginité ; vous aurez une fécondité plus grande et plus heureuse que n'ont les femmes du monde. Voyez cette multitude d'enfants qui vous environne, et celle qui s'est déjà répandue dans les villes, dans les campagnes, dans les pays étrangers et au delà des mers ; c'est là votre famille qui vous formera une belle couronne dans le ciel.

Je sais que l'auréole des docteurs est pour les hommes apostoliques, qui instruisent, qui prêchent et qui défendent la religion par leurs écrits et par leur parole : mais je sais bien aussi ce qu'ajoute saint Thomas, que s'il se trouve une fille ou une femme assez savante et assez zélée pour annoncer, non pas en public, mais en particulier, la doctrine de l'Evangile, qu'elle peut aspirer à cette auréole. Quelle gloire donc pour vous d'avoir place dans le ciel parmi ces grandes lumières de l'Eglise, qui l'ont éclairée de leur doctrine et qui ont dissipé les ténèbres de l'hérésie et de l'infidélité par les rayons éclatants de leur sainteté !

Non-seulement vous serez au rang des docteurs, mais encore parmi les chœurs des anges, puisque vous en faites les fonctions : car vous êtes les anges visibles de ces enfants; Dieu vous a confié leurs âmes comme un sacré dépôt qu'il vous a mis entre les mains. Sa providence se repose en quelque façon sur vous de leur instruction, de leur salut et de leur prédestination. Si vous vous acquittez bien de votre devoir, il y a ici des jeunes personnes qui seront infailliblement sauvées, et qui vous seront redevables de leur salut : mais si vous y manquez, il y en aura peut-être qui seront damnées par votre faute.

Quel regret auriez-vous dans le ciel de voir brûler dans les enfers des âmes que Dieu avait commises à vos soins et que vous avez laissé périr par votre négligence? Hélas ! si j'eusse été plus soigneuse, plus charitable, plus patiente, plus mortifiée, plus régulière et plus dévote, j'aurais sauvé cette âme, et la voilà damnée pour n'avoir pas voulu me faire un peu de violence. Souvenez-vous enfin que Dieu vous a donné ces enfants à instruire et à gouverner comme de jeunes princesses qui doivent être un jour ses épouses. Qu'il vous laisse le soin de les purifier et orner comme des temples sacrés où doit demeurer le Saint-

Esprit. C'est l'avis que saint Jérôme donnait à sainte Paule sur l'éducation de sa fille : « Élevez-la, lui dit-il, comme une personne » qui doit être un jour le temple de Dieu. »

Aimez donc les enfants, mes très-chères Sœurs, et les recevez chez vous avec joie comme faisait Jésus-Christ. Vous savez ce que dit saint Luc ; que quelques gens voulant présenter leurs enfants à Notre-Seigneur, ses disciples les repoussèrent avec des paroles rudes ; mais que Jésus les en reprit et leur dit : « Laissez venir » à moi les petits enfants, car le Royaume de » Dieu est pour ceux qui leur ressemblent. » Saint Marc rapporte la même chose ; voici ses paroles qui vous donneront, je m'assure, beaucoup de tendresse pour eux : « On présenta, » dit-il, de petits enfants à Jésus, afin qu'il les » touchât ; et comme ses disciples repoussaient » avec des paroles rudes ceux qui les lui pre» sentaient ; Jésus le voyant s'en fâcha et leur » dit : Laissez venir à moi les petits enfants ; » car le Royaume de Dieu est pour ceux qui » leur ressemblent. Je vous dis en vérité que » quiconque ne recevra point le Royaume de » Dieu comme un enfant n'y entrera point. » Et les ayant embrassés, il les bénit en leur » imposant les mains. »

Voyez-vous comme Jésus-Christ reçoit les

enfants, comme il les embrasse, les bénit et leur impose les mains? voyez-vous comme il se fâche contre ceux qui les empêchent de s'approcher de lui? Et par un raisonnement contraire, il faut dire qu'il aime et chérit ceux et celles qui les lui amènent. C'est ce que vous faites, mes très-chères Sœurs : mais, hélas! que j'appréhende qu'il n'y ait parmi vous quelques esprits rudes et fâcheux qui les renvoient durement et qui, sous prétexte d'une plus haute perfection, méprisent cet emploi de charité. S'il se rencontre parmi vous des personnes de ce caractère, persuadez-vous que leur retraite, leur solitude, leur recueillement, leur dévotion, leur oraison et leur contemplation continuelle sont une pure illusion; qu'elles n'ont point l'esprit de Jésus qui est celui de leur ordre, et qu'au lieu d'avancer à la vertu elles courent très-certainement risque de leur salut, parce qu'elles sont destituées des grâces de leur état qui sont attachées aux fonctions de charité qu'on y exerce.

Saint François Xavier valait bien ces dévotes précieuses : c'était un savant homme, un grand Prédicateur, un Apôtre et un Légat Apostolique, et cependant il s'en allait par les rues une clochette en main amasser les enfants pour leur faire le catéchisme. C'est l'instruction que lui avait donnée son père et patriarche saint Ignace et à ses autres enfants, principalement à ceux qui assistèrent au concile de Trente en qualité de théologiens du Pape : car au sortir de cette auguste compagnie où ils se faisaient admirer de tous les prélats par leur profond savoir, ils allaient dans les places publiques instruire les enfants, et, dans les hopitaux, visiter, consoler et assister les malades.

Gerson, ce saint et savant chancelier de l'illustre Université de Paris, qui avait paru dans les conciles, et prêché avec beaucoup d'éclat devant les plus grands Monarques de la terre, faisait de cet emploi le capital de sa dévotion. Il assemblait les petits enfants et leur faisait le catéchisme, pour imiter, disait-il, Notre-Seigneur qui les instruisait lui-même sans se décharger de ce travail sur ses disciples [1]. « O très-doux Jésus, s'écrie-t-il, qui est-ce qui » aura honte de s'abaisser à instruire des » enfants, après que vous, qui êtes Dieu, avez » eu la bonté de les caresser et de les prendre » entre vos bras ? » Et cependant, poursuit-il, on trouve mauvais que je leur fasse le caté-

[1] O piissime Jesu ! quis ultra post te verecundabitur esse humilis ad parvulos, quando tu qui es Deus, usque ad castissimos puerorum amplexus brachia mansuetus inclinas ?

chisme : on dit que cela est messéant à un Docteur et à un chancelier de Paris, et que je ferais bien mieux de prêcher que de catéchiser. Quoi donc, répond-il, est-il messéant à un homme de faire ce qu'a fait un Dieu ? y a-t'il rien de plus nécessaire et de plus avantageux que de former à la vertu des enfants qui doivent un jour composer le corps de l'État et de l'Eglise ? Il y a plus d'éclat à prêcher, je l'avoue : mais je ne sais s'il y a plus de profit. »

Après ces considérations il conclut son discours par ces douces et ces tendres paroles qui finiront le mien : « Venez donc, mes petits enfants, venez à moi : je vous ferai part » de ma science, et vous me ferez part de vos » prières. Ainsi nous réjouirons mutuelle» ment nos bons anges : et quand je serai près » de rendre l'âme, vous irez criant par les » rues : Dieu notre Créateur, ayez compassion » de votre serviteur Jean Gerson[1]. » C'est ce que firent ces petits innocents à sa dernière maladie et après sa mort, ils s'en allaient criant par les rues : « Dieu notre Créateur,

[1] Venite ergo ad me parvuli ; ego vobis doctrinam, vos mihi orationem impendetis. Sic Angelos nostros vicissim lætificabimus. — Deus Creator, miserere servitui Joannis Gersonis.

» ayez pitié de votre serviteur et de notre
» bon père Jean Gerson. »

Oh! que vous seriez heureuses, mes très-chères Sœurs, si la même chose vous arrivait. C'est une grâce et une consolation qui ne vous manquera pas : les petites filles que vous instruisez sur la terre, jointes à celles que vous avez mises au ciel, feront un beau concert de charité, et diront à Notre-Seigneur : O Jésus notre Dieu, notre Créateur et notre Rédempteur, assistez notre bonne mère dans l'extrémité où elle est réduite, et destituée qu'elle est de toute assistance humaine. Consolez celle qui nous a consolées, préservez de l'enfer celle qui nous en a préservées; mettez en votre paradis celle qui nous y a mises; sauvez, ô bon Jésus, sauvez celle qui par votre grâce et par ses travaux est cause de notre salut.

Comme les prières des enfants sont toute-puissantes auprès de Dieu, et qu'il s'est engagé par serment de mesurer sa charité sur celle que nous aurons faite au prochain, il ne faut point douter qu'il n'exauce les prières de ces créatures innocentes, et qu'il ne donne son paradis à celles qui l'auront procuré aux autres. C'est la grâce, mes très-chères Sœurs, que vous devez espérer de la bonté et libéralité de notre Dieu; c'est ce qui vous doit consoler dans toutes vos peines; c'est la récompense que vous devez attendre de vos travaux; c'est le fruit que vous devez recueillir dans le ciel, et la couronne qui est préparée à vos fidèles services, que je vous souhaite, au nom du Père, du Fils et du Saint-Esprit.

FIN.

PARAPHRASE

DE

L'ORAISON DOMINICALE

POUR SERVIR DE PRÉPARATION A LA MORT,

PAR LE R. P. CRASSET, DE LA COMPAGNIE DE JÉSUS.

PARAPHRASE

DE

L'ORAISON DOMINICALE

POUR SERVIR DE PRÉPARATION A LA MORT.

NOTRE PÈRE.

Je crois, mon Dieu, que vous êtes mon père ; qui m'avez donné la vie de la nature et de la grâce, et de qui j'espère celle de la gloire. Vous êtes le Père de tous les hommes, mais principalement de cet infirme que vous voyez sur ce lit de douleur. Oh ! que je me réjouis d'avoir un Père si bon, si saint, si sage, si puissant ! J'espère que, puisque vous m'avez donné la vie temporelle, vous me donnerez la vie éternelle.

Mon Père, j'ai péché contre le ciel et contre vous : je ne suis point digne de porter la qualité de votre enfant; mais recevez-moi, s'il vous plait, au nombre de vos serviteurs.

Mon Père, s'il est possible que ce calice de mort et de douleur passe et s'éloigne de moi sans que je le boive; toutefois que votre volonté s'accomplisse, et non pas la mienne.

O mon Père ! je vous rends la vie que vous m'avez donnée. Je suis très-affligé d'en avoir fait un si mauvais usage, et de m'en être servi pour vous offenser.

Mon Père, glorifiez votre fils, afin que votre fils vous glorifie ; et puisque je ne vous ai point honoré sur la terre, faites que je vous honore éternellement dans le ciel.

QUI ÊTES DANS LES CIEUX.

Vous êtes au ciel, mon Dieu, et je suis sur la terre; vous êtes dans un lieu de paix, et moi je suis dans un lieu de combats; vous êtes au ciel pour me récompenser, et je suis sur terre pour vous aimer, ce que je n'ai pas, hélas ! encore commencé de faire. Tout méchant et tout ingrat que je suis, j'espère, mon Dieu, que je serai bientôt au ciel avec vous, et mon espérance est fondée sur le sang précieux que votre Fils a versé pour moi.

Oh ! quand viendra ce jour ! Que la terre me déplait quand je regarde le ciel !

O paradis ! que ne doit-on pas faire pour te gagner ? Que ne doit-on pas souffrir pour te posséder ? Tout ce que j'endure n'est rien au prix de ce que j'espère.

QUE VOTRE NOM SOIT SANCTIFIÉ.

Nom adorable de mon Dieu, je ne suis venu au monde que pour vous sanctifier, et je n'ai rien fait au monde que pour vous profaner. J'ai fait tout mon possible pour glorifier le mien au lieu de glorifier le vôtre ; je vous en demande pardon, Dieu de gloire et de majesté, et je vous conjure, par votre saint nom, de me faire miséricorde.

O saint nom de Jésus ! vous êtes toute mon espérance. *Quiconque*, dit votre Apôtre, *vous invoquera sera sauvé*. Je vous invoque avec tout le respect et toute la dévotion qui m'est possible ; ne permettez donc pas que je sois damné.

QUE VOTRE ROYAUME ARRIVE.

Mon Dieu ! quand sera-ce que votre royaume arrivera ? Quand régnerez-vous paisiblement dans mon cœur ? Quand serez-vous le maître absolu de mon âme ?

Hélas ! je ne vous ai point fait régner sur la terre. J'ai protesté toute ma vie que je n'avais point d'autre roi que César : c'est pour cela que je mérite la mort. Je l'accepte de tout mon cœur, je m'y soumets, je la désire, et je vous la demande, espérant qu'après ma mort vous me donnerez entrée en votre royaume. Oh! qu'heureux sont ceux qui vous servent fidèlement en cette vie, car ils régneront éternellement avec vous dans le ciel!

Mon âme, console-toi, voilà le royaume de Dieu qui approche; tu n'as plus qu'un moment à souffrir, et ce moment de souffrance va produire un poids éternel de gloire. Combats jusqu'à la fin, et ne perds pas la couronne que Dieu te prépare.

Que votre volonté soit faite sur la terre comme dans le ciel.

O mon Dieu! je n'ai point fait votre volonté sur la terre, que je la fasse du moins dans le ciel.

Voilà mon corps accablé de souffrances; les douleurs de la mort me serrent de toutes parts. Je voudrais bien encore prolonger ma vie pour réparer mes fautes et pour racheter le temps que j'ai perdu. Voulez-vous cependant que je meure? J'en suis content. Que votre volonté soit faite, et non la mienne.

Voulez-vous que je quitte la terre? que mon âme se sépare de mon corps, et qu'elle aille faire pénitence dans le purgatoire? Voulez-vous que mon corps souffre encore de plus grandes douleurs, qu'il soit consumé de longues et cuisantes maladies? Je le veux, mon Dieu, je l'agrée, je m'y soumets; que votre volonté soit faite et non pas la mienne.

Donnez-nous aujourd'hui notre pain de chaque jour.

Heureux celui qui mange le pain (de vie) dans le royaume de Dieu! Je vous remercie, Père charitable, de m'avoir donné la nourriture du corps et de l'âme pendant tant d'années, et surtout de m'avoir donné le pain des anges, qui est le précieux corps de votre Fils Jésus-Christ.

O pain de vie! je ne crains plus la mort puisque je vous ai mangé avant de mourir. Je n'appréhende plus mes ennemis, puisque vous êtes avec moi. Je marcherai, fortifié de ce pain, par le désert de cette vie, jusqu'à ce que j'arrive à la montagne d'Horeb, qui est la vue de Dieu.

Vous avez promis et juré, ô vérité éternelle! que celui qui mangera votre corps et boira votre sang vivra éternellement. C'est cette promesse qui dissipe mes craintes et qui soutient mes espérances ; puisque nous avons été si étroitement unis en cette vie, vous ne souffrirez pas que nous soyons séparés l'un de l'autre.

O Jésus ! donnez-moi mon pain de chaque jour ! fortifiez-moi de votre grâce pour faire ce ce voyage dans l'éternité : sans ce pain je tomberai en défaillance et je ne pourrai jamais arriver au ciel.

Pardonnez-nous nos offenses, comme nous les pardonnons a ceux qui nous ont offensés.

Seigneur, le nombre de mes péchés est infini : si vous en tenez compte, je suis perdu. Je ne puis plus prier, ni jeûner, ni faire pénitence : que ferai-je donc pour apaiser votre justice et pour assurer mon salut ?

Vous avez promis de pardonner à celui qui pardonnera, et de faire miséricorde à celui qui la fera. O mon Dieu ! je pardonne de tout mon cœur à tous ceux qui m'ont offensé, et je vous prie de ne leur point imputer le mal qu'ils m'ont fait. Je vous demande cette grâce pour eux et je vous offre ma mort, unie à celle de votre Fils, pour l'expiation de leurs péchés.

Et ne nous laissez pas succomber a la tentation.

C'est maintenant, mon Dieu, que j'ai besoin de votre protection et de votre assistance, car voilà mes ennemis qui m'environnent de toutes parts. Voilà le lion rugissant qui est sorti de l'enfer pour me dévorer. Mais puisque vous êtes avec moi, je ne craindrai point cette bête sanguinaire; quand je marcherais dans l'ombre de la mort, je n'appréhenderai rien, étant avec vous.

Levez-vous donc, Dieu des armées, venez au plus tôt à mon secours; envoyez saint Michel avec ses anges pour combattre mes ennemis. Vous connaissez ma faiblesse, il n'y en a pas de plus grande au monde; empêchez Satan de me nuire, défendez-lui de me tenter; du moins ne me laissez pas succomber à la tentation.

Mais délivrez-nous du mal.

De celui du corps que j'ai bien mérité; de celui de l'âme dont je suis menacé. Délivrez-moi du plus grand de tous les maux, qui est celui de l'enfer. J'accepte toutes les douleurs que je sens; je suis prêt à aller où il vous plaira; mais, ô Dieu de miséricorde, je vous conjure par la mort et la passion de votre Fils de ne me point envoyer en enfer. Comment pourrais-je être une éternité sans vous louer et sans vous aimer? Appelez-moi au ciel dans la compagnie de vos saints, où je puisse vous bénir dans les siècles des siècles.

Ainsi soit-il.

TABLE.

Pages.

Dessein de l'Auteur. 5

De l'Instruction de la Jeunesse 7

Paraphrase de l'Oraison dominicale, pour servir de préparation à la mort. 61

Imprimerie de FEAU, à Saint-Germain-en-Laye.

A la même Librairie.

La Russie sera-t-elle catholique? par le P. Gagarin, de la Compagnie de Jésus, in-8.

Défense des principes catholiques adressée a un ministre protestant, par M. le prince Dmitré-Augustin Galitzin, précédé d'une *Notice sur sa vie et ses vertus*, traduit de l'anglais. 1 vol. in-18 anglais.

Considérations sur les principales actions du chrétien, par le R. P. Jean Crasset, de la Compagnie de Jésus. Nouvelle édition, précédée de la vie et du portrait de l'auteur, par un Père de la même Compagnie. 1 fr. 75 c.

Entretiens de dévotion sur le saint-sacrement de l'autel, par le même. 75 c.

Doctrine spirituelle de Bossuet, extraite de ses œuvres, par un Père de la Compagnie de Jésus. 1 vol. in-12. 2 fr. 50 c.

Lettres spirituelles de Bossuet, extraites de ses œuvres, ornées d'un fac-simile d'une lettre inédite de Bossuet à la mère Agnès de Bellefonds, prieure des Bénédictines, par un Père de la Compagnie de Jésus. 1 vol. in-12. 3 fr. 50 c.

De la Destinée humaine, par M. l'abbé H. Duclos, du clergé de la paroisse des Missions-Étrangères, à Paris. 1 beau et fort vol. in-12. 4 fr. 50 c.

La présence de Dieu, par le P. de Gonnelieu, de la Compagnie de Jésus. 1 joli vol. in-32.

Lectures et Conseils à l'usage des membres des Sociétés charitables, par M. Ad. Baudon. 1 vol. in-18. 50 c.

Nouvelles morales des faubourgs, par M. Arnault, curé de Saint-Joseph. 2 vol. in-18. 1 fr. 15 c.

Poésies françaises à l'usage des collèges, distribuées et annotées par le P. Arsène Cahour. 3 vol. formant six recueils ; les deux premiers sont en vente.

Imprimerie de BEAU, à St-Germain-en-Laye

www.ingramcontent.com/pod-product-compliance
Ingram Content Group UK Ltd.
Pitfield, Milton Keynes, MK11 3LW, UK
UKHW022121260726
13993UKWH00003B/1162

9 782329 219844